UN DÉPUTÉ

AUX

ÉTATS GÉNÉRAUX

DE 1614

ESQUISSE HISTORIQUE

PAR

*PIERRE DE SAINT-V****

PARIS

IMPRIMERIE DE LA SOCIÉTÉ DE TYPOGRAPHIE

NOIZETTE, DIRECTEUR

8, RUE CAMPAGNE-PREMIÈRE, 8

1886

UN DÉPUTÉ

AUX

ÉTATS GÉNÉRAUX

DE 1614

ESQUISSE HISTORIQUE

PAR

*PIERRE DE SAINT-V'***

PARIS

IMPRIMERIE DE LA SOCIÉTÉ DE TYPOGRAPHIE

NOIZETTE, DIRECTEUR

8, RUE CAMPAGNE-PREMIÈRE, 8

1880

UN DÉPUTÉ

AUX

ÉTATS GÉNÉRAUX

DE 1614

Les États généraux de 1614, malgré la distance qui nous sépare de l'époque où ils furent tenus, méritent encore de captiver notre intérêt à cause de l'analogie qui existe entre le commencement du XVIIe siècle et la fin du XIXe. Ces dernières assises nationales avant 1789 sont aujourd'hui presque oubliées.

L'étude, au premier abord un peu aride de leurs débats, est pourtant féconde en utiles comparaisons.

Un point surtout nous a paru particulièrement digne d'être remis en lumière. C'est la lutte contre l'Assemblée presque entière, d'un modeste officier au bailliage d'Auvergne, homme d'un courage et d'une intelligence supérieurs, forçant par sa logique et son énergie les privilégiés à adoucir, à leurs propres dépens, les charges qui pesaient sur le peuple.

Les trois ordres, clergé, noblesse et tiers état, constamment préoccupés de leurs avantages particuliers, ne revenaient parfois, par pudeur, aux intérêts publics, que pour retomber presque immédiatement au milieu de querelles stériles. Cependant, jamais peut-être depuis l'établissement de la monarchie les événements n'avaient exigé plus de désintéressement et de sens politique.

Jusqu'à cette époque, en effet, les guerres religieuses avaient tenu les esprits écartés d'une lutte entre les castes ; l'accès aux dignités était resté ouvert à tous par le service militaire, et on sait assez que les Béarnais, au service de Henri IV, arrivèrent gentilshommes à Paris. Mais par une intelligente institution de ce prince une autre force sociale s'était élevée en 1600 à côté de la noblesse d'épée : grâce à la paulette, établissement fiscal à la fois politique et lucratif, les charges de robe étaient devenues héréditairement transmissibles. Une nouvelle noblesse non moins dévouée au roi, plus riche assurément et aussi plus instruite que la première, s'était développée à côté de l'ancienne. On aurait dû comprendre l'importance qu'il y aurait eu pour la monarchie à combiner ces deux forces Au lieu de les diviser pour régner, il fallait les unir pour « multiplier et mettre à la portée de chacun les moyens d'être utile en se consacrant, selon ses facultés, à l'administration des intérêts communs ».

Malheureusement, en 1614, le jeune roi Louis XIII était à peine majeur et cette politique ne fut pas celle de la reine-mère et de ses conseillers.

Alors que le progrès des classes bourgeoises s'était opéré jusque-là sans querelle entre la noblesse et la roture, la cour crut habile de mettre ces deux ordres en lutte et créa ainsi les rivalités sociales en dépit des objurgations des hommes expérimentés. Si leurs avis eussent prévalu, toutes les divisions qui éclatèrent alors et cette antipathie du troisième ordre pour le second, fondée sur d'amers griefs d'amour-propre, auraient pu être à tout jamais évitées. Telle fut également la cause éloignée du divorce entre la royauté et le peuple.

En effet, jusqu'à cette époque, le roi avait été justement reconnu de tous comme le père du tiers état. Depuis l'avènement de Louis-le-Gros, on avait vu constamment les rois et les ministres « s'employer au progrès en liberté des différentes classes de la roture et chaque nouveau règne correspondre pour elle à de nouveaux progrès en liberté, en bien-être et en lumières ».

Louis-le-Gros avait en droit affranchi les communes, œuvre achevée en fait par ses successeurs immédiats. Henri IV, au moyen des faveurs accordées aux offices de judicature, venait d'ouvrir un nouvel accès pour tous aux honneurs jusque dans la paix. Il avait consacré la liberté religieuse par l'édit de Nantes, purifié l'administration par les mains de Sully, et montré, en laissant exécuter le fameux duc de Biron, que le pouvoir fondé sur l'hérédité monarchique devait être sans faiblesse comme sans arbitraire.

Maintenant, pour ceux qui seraient peut-être naturellement portés à assimiler la composition des États de 1614 à celle des États de 1789, disons d'abord qu'en 1614, la haute noblesse (la noblesse de cour), bien moins nombreuse que celle de 89, ne siégeait pas aux États. Elle eût, sans doute, jugé au-dessous d'elle d'y prendre place. Chaque grand seigneur, avant l'élévation de Richelieu, se considérait comme indépendant et trop supérieur au commun des gentilshommes pour favoriser un groupe politique aux dépens de son intérêt et de son indépendance personnels.

La cour était donc comme neutre. La petite noblesse qui formait la majorité du second ordre, alors sans charges bien rétribuées ni gros bénéfices, voyait avec jalousie l'hérédité des offices passer dans le tiers et se montrait également prête à limiter sagement les pensions de ses chefs à l'excédent des impôts.

Par contre, les élus du tiers, bien que représentant plus directement l'opinion et les besoins populaires, étaient presque entièrement composés de cette classe riche, lettrée et honorable des officiers de justice qui devaient, cent soixante-quinze ans plus tard, comme gentilshommes, élire les députés de la noblesse aux États de 1789.

Ils apportaient à l'Assemblée, avec les doléances du peuple et un véritable désir du bien, la susceptibilité parfois ombrageuse du magistrat; ils sentaient profondément que la part qui leur était faite dans la discussion n'était pas à la hauteur de la place considérable qu'ils tenaient dans l'état par leur activité, leurs charges, leur instruction et leur fortune; ils étaient donc bien supérieurs aux députés de cet ordre en 1789, avocats et juristes ignorants du passé, dépourvus de traditions de famille, avides de popularité et d'innovations et, par suite, prêts à amener tous les bouleversements.

Ainsi, quoique également méritants par eux-mêmes, la noblesse et le tiers étaient divisés par des besoins réels et contraires. Seul, le premier ordre, celui du clergé, rendu plus expérimenté par ses fréquentes assemblées provinciales, cherchait à rapprocher les deux autres pour les ramener des

querelles particulières à l'étude des besoins généraux du pays, comme il devait encore essayer de
le faire deux siècles plus tard tout en laissant l'ini-
tiative des réformes aux députés laïcs. Il fallait,
pour obtenir les concessions nécessaires à l'adou-
cissement des charges publiques, présenter comme
connexes toutes les réductions et suppressions,
afin que chaque ordre, en faisant preuve d'abné-
gation, pût demander aux deux autres sacrifice
pour sacrifice.

Cette tâche fut entreprise par le président Jean
Savaron, seigneur de Villars, lieutenant général et
député de la sénéchaussée d'Auvergne.

Nous venons de voir quel était l'état moral de
la France et de ses représentants en 1614; revenons maintenant quelque peu en arrière pour
examiner brièvement les faits qui avaient rendu
nécessaire cet appel à la nation.

Henri IV était mort sous le poignard de Ravail-
lac et laissait en Europe un vide immense.

Le jeune Louis XIII n'avait que neuf ans lorsqu'il monta sur le trône, et le pouvoir tout entier
pendant sept années fut aux mains de Marie de
Médicis sa mère. Habile diplomate, seule cette
princesse comprit alors que l'Espagne et l'Autriche étaient nos alliées naturelles contre les puis-
sances protestantes. L'histoire a prouvé depuis

combien la régente avait raison de ne point partager en cela les idées du feu roi. Mais l'opinion lui était contraire et lorsqu'elle résolut d'unir le jeune roi et sa sœur Elisabeth à l'infante et à l'infant d'Espagne, il y eut comme une défection générale : le prince de Condé, le duc de Vendôme, le duc de Bouillon, le duc de Longueville, le duc de Mayenne et plusieurs autres grands dignitaires, quittèrent Paris et se retirèrent dans leurs gouvernements respectifs. En dépit de l'argent distribué et des conférences de Sainte-Menehould avec les princes mécontents, une nouvelle ligue menaçait de se former et d'un autre côté Sully lui-même, inébranlablement attaché aux idées de Henri IV, eut le tort de se retirer et d'abandonner le fils de son ancien maître aux hostilités des mécontents.

En présence d'un tel danger la régente recourut à une mesure décisive ; elle décida de tenir un lit de justice en parlement pour faire déclarer la majorité du roi qui n'avait que treize ans, et de convoquer les Etats généraux.

Les questions qui s'offraient à l'examen de la suprême assemblée étaient graves.

Outre les dissentiments politiques, les jalousies et les haines qui dominaient la société d'alors, des ambitions frénétiques surgissaient de toutes parts encouragées par les malheurs publics.

Dans toutes les provinces on procéda à l'élection des députés et, la ville de Clermont, entre autres, eut par un choix heureux, la gloire d'envoyer siéger parmi les délégués du pays l'homme qui se montra le plus sincèrement dévoué à l'intérêt du peuple dans ces assises nationales.

Ce fut Savaron.

Savaron méritait la confiance de tous. Il fut constamment porté par la faveur populaire et royale et n'a connu néanmoins ni les défaillances de l'âge ni les tristes capitulations de conscience de l'homme désireux de parvenir.

Ce qui le rend supérieur à plusieurs de ses contemporains auxquels il a été parfois comparé, ce n'est pas l'éclat du talent, mais la vigueur de tempérament déployée.

Sur cinquante-cinq années que dura sa trop courte existence il en consacra trente-cinq à l'exercice des charges de la couronne et la gestion des intérêts publics. Il avait cela de commun avec le juste d'Horace qu'il était tenace dans ses desseins et constant dans ses affections. Sa modestie égalait sa capacité.

En parcourant les annales de l'histoire, combien ne voit-on pas d'hommes, forcés par les événements, déployer les plus brillantes qualités et exercer sur la société une influence profonde

qui, dans d'autres temps, dans d'autres circonstances, se seraient renfermés dans l'obscurité
d'une vie paisible et ignorée ! Ces hommes sont,
le plus souvent, préparés, portés en quelque sorte
par ceux qui les ont précédés et par le milieu dans
lequel ils ont vécu. Ils reçoivent l'inévitable em-
preinte des mœurs du pays dans lequel s'est
exercée leur activité, des idées enfin, des luttes et
des intérêts auxquels ils ont été mêlés.

Néanmoins le réformateur qui, arrivé subite-
ment à une position éclatante, ne se montre pas
inférieur à sa tâche, est rarement « l'homme nouveau » dont parle Cicéron ; et, par exemple le
nom de Savaron n'était pas entièrement inconnu
avant celui qui devait le rendre à jamais populaire en Auvergne.

Sept Savaron s'étaient déjà fait remarquer dans
la magistrature, dans les armes, dans les conseils
du roi et dans le consulat. Son bisaïeul, seigneur
de Villars, avait déjà représenté la ville de Clermont-
Ferrand. Jouissant d'un certain crédit auprès du
roi Louis XI, il n'en avait usé que pour le bien de
son pays et pour obtenir d'importantes libertés mu-
nicipales pour les habitants de Clermont. Comme
délégué de l'Auvergne il avait été invité aux noces
du Dauphin avec Marguerite d'Autriche et avait
assisté officiellement à ces magnifiques fêtes d'Am-

boise où s'était trouvée la plus brillante noblesse de l'Europe. Il avait été envoyé par ses concitoyens aux États généraux de 1483 qui confirmèrent le choix fait par le feu roi Louis XI de la sage et prudante Dame de Beaujeu pour le gouvernement du roi Charles VIII pendant sa minorité.

Lorsque vint de Paris, sous Charles IX, le signal de l'affreux massacre, connu sous le nom de la Saint-Barthélemy, les catholiques d'Auvergne, exaspérés par les pillages continuels, les incendies, les ruines et les meurtres, n'étaient que trop disposés à user de sanglantes représailles. Malgré les efforts généreux du gouverneur Saint-Hérem, les massacres commencèrent. A Clermont, les calvinistes furent d'abord jetés en prison. A Aurillac, 68 religionnaires périrent égorgés dans une salle basse; douze autres au château de Cologne; c'est à ce moment critique qu'un oncle du futur président, François Savaron de Varvasse, donna à son jeune neveu l'exemple d'un courage que ce dernier devait porter un jour aux Etats généraux et au conseil du roi. Connu, aimé et respecté dans les élections (1) d'Issoire, de Brioude et de Clermont, à cause des charges qu'il y avait exercées, de l'illustration de sa

---

1 On appelait *élections* la réunion d'un certain nombre de paroisses qui composent l'arrondissement d'une juridiction royale·

famille, de son dévouement au roi, à la religion et à ses compatriotes, François Savaron jouissait d'une popularité justement méritée. Officier du roi, il se jeta courageusement, résolument, entre les bourreaux et les victimes, et, au péril de sa vie, il eut la gloire d'arrêter les massacres.

Epargnés, les protestants d'Auvergne reprirent la lutte avec plus de fureur.

En vain les Etats provinciaux, fréquemment réunis à Clermont, avaient plusieurs fois député Antoine Savaron, père du futur président, auprès du roi pour le supplier de mettre fin aux troubles et aux pillages. Député aux Etats de Blois, il ne put que s'associer aux tristes paroles de Henri III disant avec raison qu'on ne reconnaissait plus, en France, cet attachement pour la religion, cette union entre les sujets, cet amour et ce respect pour le prince, qu'on y admirait autrefois et dont il restait à peine quelques vestiges.

Mais il est temps de s'arrêter dans cette énumération déjà trop longue des services rendus par ses ancêtres.

Revenons au délégué de 1614. A peine arrivé à Paris, ce savant jurisconsulte se heurta à de misérables querelles de préséance, de distinctions et d'attributions.

Les députés de Saint-Pierre-de-Moustiers et de

Riom demandaient la préséance pour leur sénéchaussée sur celle de Clermont, sa ville natale.

Il fit d'abord rejeter les prétentions des députés de Riom et de Saint-Pierre par les tribunaux ordinaires; d'autre part, les députés de la noblesse, du
clergé et du tiers état ne cherchaient qu'à se supplanter mutuellement. Ceux du clergé et de la noblesse coalisés demandèrent que le tiers n'eût
qu'une voix consultative. Ils prirent pour organe
Armand de Richelieu, alors simple évêque de
Luçon, mais dont les talents et l'éloquence précoce
promettaient déjà le grand ministre que l'on
sait.

Dans cette situation critique, les députés du
tiers état, d'une voix unanime, élurent Savaron
pour défendre leurs droits auprès du roi et des
deux autres chambres. Il se montra à la hauteur de
la glorieuse confiance qu'on lui témoignait.

Aussitôt il se mit à l'œuvre et produisit avec
une incroyable promptitude sa *Chronologie des
États généraux* : « Histoire, dit le président Imberdis, et code du tiers. » On ne sait pas ce qu'il faut
le plus admirer dans cet ouvrage, ou de l'étonnante rapidité avec laquelle il fut conçu et exécuté,
ou de la remarquable érudition dont il témoigne.
Deux siècles avant Sieyès et tous nos fameux réformateurs de 1789, l'auteur y établissait péremp-

toirement l'existence des États généraux et les droits de séance et de vote du tiers état depuis l'origine de la monarchie.

Il parut ensuite dans chacune des chambres, et si sa plume judicieuse n'avait pu assez éclairer les esprits, dissiper les préjugés, sa parole énergique, sa logique invincible, sa mâle éloquence faisaient triompher la justice, le droit et la vérité devant les députés des deux premiers ordres.

Savaron obtenait là un triomphe éclatant, capable, à lui seul, d'illustrer un homme. Il grandissait avec les circonstances; il venait de donner la mesure de ses talents, de montrer l'étendue de son savoir, et de prouver l'élévation de son caractère. En forçant ses collègues à lui accorder leur confiance, il leur avait imposé son autorité.

Grand, bien fait, doué d'une voix expressive, usant de termes justes qui coulaient de source et auxquels il savait donner une expression particulière, cet homme persuadait et entraînait les volontés. On se croyait aisément loyal et désintéressé comme lui en l'écoutant. Même dans ses attaques les plus vives contre les abus, sa bienveillance et sa charité à l'égard de leurs auteurs faisaient aimer sa personne et admirer son caractère. C'est avec toute cette puissance d'autorité, je dirai même de séduction, que Jean Savaron montait à la tribune.

On avait mis à l'ordre du jour l'abolition de la vénalité des charges, la réduction des pensions et la diminution de la taille, trois abus qui régnaient alors, déshonoraient la magistrature, épuisaient le trésor et opprimaient le peuple.

Les charges étant vénales, c'est-à-dire abandonnées, livrées à la cupidité et à l'ambition, devaient fatalement tomber souvent dans des mains incapables ou indignes et on devine ce que pouvait être la justice dans un pays ainsi administré. Le nombre des pensions exigées et concédées et qui allait toujours s'augmentant n'était pas moins scandaleux et moins ruineux. Depuis que tant de partis s'agitaient en France, chaque personnage se croyait en droit de faire payer ses services ou de vendre sa neutralité. Le pouvoir, qui avait déjà assez d'embarras et assez d'ennemis à combattre, obtenait un peu de paix et d'appui en vidant le trésor dans toutes ces mains tendues vers lui avec autant d'exigence que d'avidité. Ce mal en attirait un autre. Le gouvernement, n'ayant plus de quoi faire face aux charges publiques, se trouvait dans la dure nécessité de pressurer le peuple en multipliant les impôts. La situation était grave, on le voit, et les remèdes devenaient urgents. Mais qui ne sait combien il est toujours difficile de s'attaquer à des abus !

Aux États de 1614, précisément, ceux qui en bénéficiaient étaient en assez grand nombre et c'était à ces privilégiés qu'on allait demander le retour à l'équité et à la justice.

Ce fut donc un moment solennel que celui où Savaron intervint à la tribune pour prendre part à ce grand débat. Sa probité si connue semblait lui donner une liberté que beaucoup d'autres n'avaient pas. Il savait toutes les susceptibilités qu'il allait blesser, toutes les contradictions et toutes les fureurs qu'il allait soulever ; mais son courage, ni son patriotisme n'avaient jamais hésité devant l'accomplissement du bien et du devoir à accomplir. Savaron parla donc d'abord sur la judicature. Il demandait à l'Assemblée de rendre à la justice l'indépendance, la dignité et la majesté auxquelles elle a droit. Il flétrissait avec indignation les honteux trafics cachés sous le nom d'épices. Il réclamait au nom du patriotisme, au nom du bien public la suppression de tant de maux. Il frappait des coups trop justes et trop forts pour ne pas éveiller les colères de ceux qui se sentaient condamnés. Des clameurs s'élevèrent des rangs de la noblesse et essayèrent de couvrir cette voix importune. Une vive et immense agitation régnait dans l'Assemblée. Savaron seul devant toutes les colères qui faisaient explosion restait calme et

impassible comme la justice dont il vengeait les
droits méconnus. Ni les cris, ni les rumeurs, ni les
tumultes, ni les menaces ne pouvaient rien devant
ce courage invincible. Ceux dont la cupidité
étouffait le patriotisme ne voulaient pas subir la
sentence d'une condamnation frappant à la fois leur
honneur et leurs intérêts. Hors d'état de combattre
ces accusations écrasantes, les intéressés répondi-
rent par des menaces de mort. L'intrépide orateur
n'en fut pas intimidé et, quand il reparut à la tribune, son courage lança à ses adversaires ce défi
énergique : « J'ai porté les armes avant d'être
officier de justice : j'ai donc le moyen de répondre
à tout le monde en l'une et l'autre profession. »

On comprend le retentissement que de pareils
débats devaient avoir dans Paris et dans toute la
France. Le pays entier écoutait et admirait cette
voix éloquente et courageuse qui parlait au nom
de la justice, au nom de la patrie et du peuple. Les
députés qui s'en sentaient plus profondément
atteints n'en étaient que plus exaspérés et n'en
devenaient que plus ardents et plus résolus à com-
ploter la mort de ce censeur impitoyable. Ils auraient
sans doute exécuté leur criminel dessein ; mais le
roi Louis XIII veillait sur une vie si précieuse et
assigna à Savaron une garde de jour et de nuit.
L'abus des pensions, l'augmentation des impôts

qui en devenait la déplorable conséquence et qui réduisait les classes laborieuses à la dernière misère, ne pouvaient pas trouver Savaron indifférent. Il aimait trop la justice, il aimait trop le peuple pour ne pas s'en constituer le défenseur. Aussi malgré les fatigues qu'il devait éprouver, après le grand et rude combat qu'il venait de livrer, il reprit la parole sur ces deux grandes questions. Et ici, son cœur l'inspirant autant que son génie, son éloquence semble grandir encore et s'animer d'un souffle nouveau. Jamais la tribune française n'a retenti d'accents plus patriotiques. Et quelles comparaisons il y aurait à faire entre les discours que prononça alors Savaron et toutes ces banalités creuses, ces flatteries basses et ces promesses mensongères que débitèrent si souvent depuis ces prétendus amis du peuple qui ne s'adressent aux passions des masses que pour élever leur propre fortune !

Après avoir rappelé un fait de l'enfance du roi prenant pitié de la souffrance, il reprit : « Sire, ce « ne sont point des insectes et des vermisseaux qui « réclament votre justice et miséricorde, c'est « votre pauvre peuple, ce sont des créatures rai- « sonnables, ce sont des enfants desquels vous êtes « le père, le tuteur et le protecteur ; prêtez-leur « votre main favorable pour les relever de l'op-

« pression sous le faix de laquelle ils ploient
« continuellement. Que diriez-vous, sire, si vous
« aviez vu dans votre pays de Guyenne et d'Au-
« vergne les hommes paître à la manière des
« bêtes?

« Cette nouveauté et misère inouïe en votre
« état ne produirait-elle pas dans votre âme royale
« un désir digne de Votre Majesté pour subvenir
« à une calamité si grande, et cependant elle est
« tellement véritable que je confisque à Votre
« Majesté mes biens et mes offices, si je suis
« convaincu de mensonges. »

La voix éloquente de Savaron fut entendue ; ceux
mêmes qui avaient voulu le tuer lui donnèrent
mille embrassades et, pour un temps du moins,
la taille fut abaissée, la création de pensions aux
nouveaux bénéficiaires suspendue, la magistrature
respectée.

Savaron venait de jouer un rôle prépondérant et
il avait conquis cette autorité par la puissance
que donne le talent joint à une vertu exception-
nelle.

Heureuse encore une fois la France, si l'assemblée
eût écouté cette voix patriotique et fait disparaître
les abus qu'elle condamnait avec tant de force et
qui, deux siècles plus tard, devaient servir de pré-
texte à tant de crimes et tant de ruines.

Pour lui (sans autre récompense), il quitta la scène avec la même modestie qu'il y avait apportée et retourna aux devoirs de sa charge, n'emportant que le contentement d'avoir fait triompher le bon droit et celui de pouvoir aller reprendre ses études sur l'antiquité et sa correspondance avec les savants de l'époque.

L'Auvergne,et Clermont en particulier,ont gardé pour cet homme de cœur, une reconnaissance, qui n'est point encore affaiblie.

Plut à Dieu que l'influence de Savaron eût été encore plus grande, et plus écoutés aussi les sages conseils que son patriotisme donnait alors à la royauté et à la noblesse! On établissait à la longue « une hiérarchie naturelle, mobile, conforme par « conséquent à l'esprit d'égalité. Toutes les forces « du pays s'unissaient pour travailler de concert au « salut commun, y contribuant, les unes par leur « expérience des affaires, les autres par l'utile in- « fluence qu'elles doivent à leur position sociale. » Et on aurait commencé, lentement, sagement et progressivement la réforme des abus de notre ancienne société française.

C'est cette conviction qui nous a inspiré l'idée de soumettre à l'appréciation du lecteur impartial les vues d'un grand citoyen, qui n'étaient pas seulement des inspirations généreuses, mais qui sont aussi de précieuses leçons pour la situation présente. Maintenant, en faveur de ceux auxquels le mouvement de la vie ne permet pas d'étudier dans ses livres les idées de ce sage, résumons-les en deux mots.

Ce qui caractérise la politique de Savaron, c'est, d'abord, un grand amour de l'intérêt public, pris dans sa plus large acception, et dominant les intérêts particuliers de chaque caste ; en second lieu, le désintéressement politique ; puis la haine de tout ce qui pouvait favoriser la vénalité ou l'amour du lucre, et, enfin, l'idée d'une « sage organisation du pouvoir par la libre admission de tous aux emplois, suivant leurs aptitudes ou leurs capacités ».

Ces principes ne sont-ils pas le but, l'essence même de toutes les revendications de la France moderne, et leur mise en pratique, dès cette époque reculée, n'aurait-elle pas assuré le développement normal et régulier des progrès qui, opérés avec la sage lenteur du temps et de l'expérience, se seraient accomplis sans secousse et sans la destruction de cet antique édifice social, sur les ruines duquel on s'efforce vainement aujourd'hui de constituer un état nouveau.